豺狼的微笑
The Smile of a Wolf

Aquarius X 著

蔡志忠 繪圖&註　　何伊 翻譯

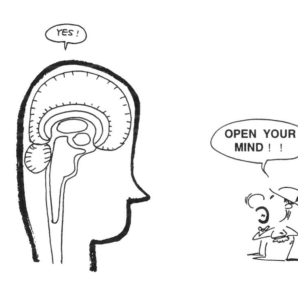

目錄

序
做一匹成功的狼

《豺狼的微笑》光看這個書名，好像在鼓吹壞的思想，因為從古代以來，豺狼就好像與陰險、殘忍、冷酷、無情畫上了等號。

其實我們是站在人的立場去看事物，才會對豺狼的印象這麼惡劣，因為狼會吃掉家禽和豬羊，所以才對狼有負面的評價。

狼，是陸地上最高的食物鏈終結者。由於有狼的存在，野生動物們才得以淘汰老、弱、病、殘的不良族群。也因為有狼的威脅存在，野生動物

們才被迫進化得更優秀，以免被狼淘汰。所以狼維持了生態，處於一種職業水平，沒有狼的存在，生態將趨於良莠不齊、傳染病叢生的局面，不利於生命的穩定、健康的平衡發展。

況且狼是群居動物中最有秩序、紀律的族群，一群大約二十隻左右的狼群捕捉到其他動物之後，一定得等首領和母狼吃完之後，排行第三名以降的狼才會靠過去吃。而不論食物是多麼地不足，每一隻狼都會斟酌地吃一小部分，以便讓地位最低和殘障之狼不至於餓肚子。

狼群中的紀律不只是尊敬首領和母狼，排行第十九的狼，除了尊敬狼領袖之外，也十分尊重排行第十八名的狼，同樣的排名二十名的狼也真誠的尊重排行十九名的狼。人們在野地經常聽到狼的「嗚嗚」嚎叫，其實牠們是在各處報告自己的位置，並隨時聽候首領的行動指示。

狼是有紀律、速度、並深知精確目標的動物，狼也是深諳與同伴共處並謹守本分的合群動物。我們寫這本書不是要教讀者壞，也不是在推行什

麼新厚黑學。而是希望透過這本書的觀念，讓讀者們能從中獲得新的啟發，真正地了解實實在在的自己，並坦然地接受這個自己。從完全如實知我之後，再開始出發去了解自己要什麼？能夠什麼？要達到什麼？並訂下可行的目標。完全評估自己的能力與目標之後，再全力以赴地去做，做到像豺狼的精神一樣的有速度、效率、紀律，而完成精確的目標。

祝　　各位成功

Aquarius X

狼

良獸也……

狼逐食時
能倒立，還能未卜先知對方逃跑的方向，
是獸中之良者也。
故從「良」。

我就知道你第七步會跑到這裡，
所以我先撲向這裡！

兔子少了，野草就有了生機，
慢慢又變多了……

世界上草原多了，
吃草的兔子也就多了。

沒兔子吃，狼也就少了！

兔子多了，吃兔子的狼也就多了！

吃不到草的兔子，
又漸漸被狼吃掉，
於是兔子就更少了。

兔子太多了，野草就少了。

is陸上食物鏈的最高單位

海洋中食物鏈的最後終結者是鯊魚。

而陸地上食物鏈的最高單位，不是獅子、老虎，不是豹……

而是Wolf，狼！

因為狼是一種優秀的動物，

牠懂得合作，社會階級非常明確，

而且更懂得如何對付老弱病殘等

命中注定該淘汰的其他動物。

第一章

蛻變為狼
——觀念的改變

Becomin

一個人自己願意做什麼人，他就會是什麼人。
——沙特

觀念決定了一個人的屬性。
你是狼，還是兔子，都是觀念決定的。

不是一味的努力、努力、努力，
而是要先改變觀念。

如果你先不自知自己是鳥，
而去學潛水，無論你怎麼努力都收穫有限。

Becomir

如果你不先自知自己是魚，

而去學飛，無論你付出了幾輩子，都得不到什麼成果。

同樣的，如果你不先知道飛翔的條件，

不先知道潛水是怎麼一回事時，

你怎麼去努力？

一顆石頭若去學飛翔，必將墜落地面……

一顆石頭若去學潛水，一定只能沉落在水底興嘆而已。

不是一味的努力，而是要先改變觀念，

正確的如實知道自己，

知道所要達成的對象，

這時的努力才能獲得真正的效果。

1 改變觀念 平步青雲

光靠努力，不能一日千里。

一個人的前途，由誰來決定？

是爸媽？是老師？是老闆？還是朋友？

當然是由自己來決定；

關於前途，求神無用，算命無用，唯有求己最有效。

而且很簡單，只要肯行動，改變自己的觀念，就可以改變自己的前途！

一個人要改變，希望得到跳躍式的進步，光靠努力、毅力是不夠的。

努力、毅力是美德，但這些美德只會使你得到漸進式的進步、牛步式的進步。

一日千里的境界，是不屬於你的。

唯有獲得觀念的突變，才能平步青雲，才能從平地直接跳躍上高原！

努力＋努力＋努力　是乖寶寶該做的事。

觀念的突破，把自己一步登天地躍升至頂峰，是成功者應先辦到的任務。

突破觀念，你就會變成豺狼。

哲學家笛卡兒為什麼能想出：「我思，故我在」

這個經歷三百五十九年卻不會被人遺忘的絕妙命題？為什麼許多人想破了頭，卻怎麼也想不出來？很簡單，笛卡兒就是在蛻變為豺狼的過程

中，做到了一件事，他突破了一個觀念，進而了解到許許多多被一般人接受的概念，都是錯誤的。於是他開始懷疑，以懷疑為出發點，最後完成了在一六三七年發表的，最膾炙人口的作品《方法論》（*Discourse on Method*）。嘖！嘖！光是改變一個觀念，就能讓一個人的一句話活上數百年，真是不得了！

蔡志忠例註

1.漫畫家AND我

很多漫畫家在畫漫畫，都是在進行「畫漫畫」這件事的本身。如果再加上漫畫家本人愛畫什麼類漫畫的限制，那麼創作的方向和數量就會受到相當的限制。我則不是在「畫漫畫」。漫畫只是我要借用的一種形式，我可以用漫畫來進行一切創作。所以，我可以用漫畫來畫大醉俠、畫中國的經典寶庫、教人學英語。

這樣，創作的方向和數量，幾乎不受任何限制。

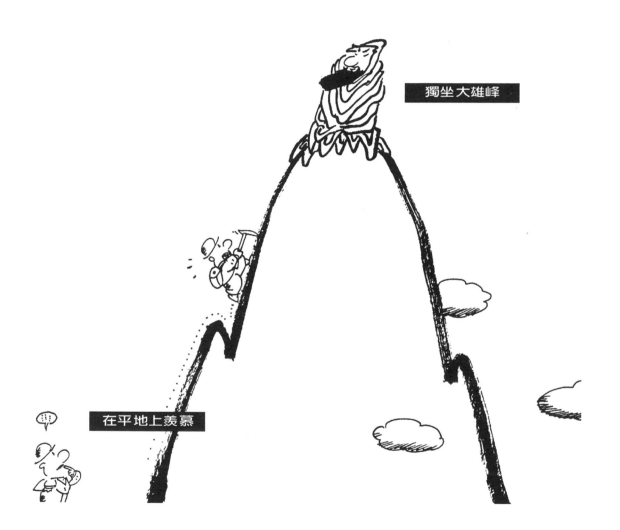

2.靈骨塔AND傳統墓園

我們來舉個例子：有一塊佔地十甲的墓園，正為了把墓位如何賣出去而傷腦筋。十甲是三萬坪，以十坪一個單位來說，就是三千個墓位。一個墓位如果賣五十萬元的話，十甲地，三千個墓位全部賣出去的話，可以有十五億的營業額。然而，這在今天的台灣，卻不是那麼好辦到的事。

光靠努力、毅力、四處奔波，幾乎是徒勞無功。動點腦筋，再打打廣告、做一些宣傳之類的話，會有些改進，但也還是有限。

但如果觀念改變呢？

現在，我們不把這塊地做墓園用了。我們要做靈骨塔。十甲地裡，先留下五千坪做為未來靈骨塔的預備地。剩下的二萬五千坪，以二坪為一個單位，共一萬二千五百個單位。現在，每個單位不賣五十萬元，只賣十萬元。於是很多人都會趨之若鶩，很快地全部賣光。收入是多少呢？

十二億二千五百萬元。不止如此，由於靈骨塔可以七年一賣，所以，每七年就有十二億二千五百萬元的收入進帳一次。賺錢，可以又輕鬆，又多。

十甲地等於三萬坪，等於三千個十坪。每十坪一個單位，每個單位五十萬元。

每個單位十萬元等於
十二億二千五百萬元，
每七年收入十二億二千五百萬元，
七十年就可收一百二十五億元，
活得愈久賣得愈多，
嘻嘻嘻！

三千個單位等於
十五億元
這筆生意，全部的
Total是十五億元

十甲地等於三萬坪
30000－5000＝25000坪
每二坪一個單位等於一萬
二千五百個單位……

2 你，是什麼？

如果能先了解自己，你就可以選擇
——上天堂，還是下地獄。

你
是什麼？
會什麼？有什麼？
想要什麼？能夠什麼？

了解自己是人生
的第一課！

了解自己是人生的第一課！

決定一個人層次、境界、
氣質、地位的高低，全在於大腦中的那個
「我」！
拿破崙統領大軍橫掃歐洲，不是因為他的
身強體壯，而是他頭顱裡面的東西。
他的成功全在於他大腦中的「我」在
發號施令，達成他的意志，直至叱
咤風雲；他的失敗也因為大腦中的
「我」的錯誤決定。

一個人的大腦是他自己的成功與
失敗，對於一生是多麼的重要啊！

但當今世上億萬人中，有多少個人真正的了解自己的大腦？了解自己腦中的那個「我」？

全然了解自己，就會知道自己有什麼條件，知道什麼是自己的真愛。於是他就會隨著自己胸中熊熊的烈火前進！

熱切地實踐願望，就是走在天堂之路。
漫無目標，渾渾噩噩地度日，就是在承受地獄的煎熬。

有一個人長得普通得很，出身也很平常，只是個養豬戶的兒子，他寫了一本書《影響力的本質》，一九三六年出版時，光在美國，就賣出一千五百萬本，之後，大家開始注意這個人了。他名叫戴爾‧卡內基，一九一二年起，他開辦公眾演說及人際關係的課程，一直到今天，卡內基課程已經成為世界性的訓練課程，我的許多朋友學習後，紛紛表示，受益匪淺，值得推崇。據說卡內基是一個很能認清自我的人，他嘗試過

不少工作，最後決定集結一生的閱歷開創一套課程，並且不斷研究新方法來改進課程。從十四週的學習課程中能學到一個人竭畢生之力研發改進的精華，難怪朋友要為他鼓掌了。

你看過魚游得太累？鳥飛得太累？
花開得太累？
的確沒有人看過它們太累，
因為它們在扮演自己。

打火機知道自己的功能就是在剎那間點燃火花，於是它滿足地扮演著打火機的角色。打火對它而言是輕而易舉，所以它一生都過得輕鬆而容易。

杯子知道自己的功能就是裝水、裝酒或咖啡，於是它自在地端坐桌子的一角，無事於心的過著日子。讓自己去容納別人是天經地義，所以它一生都過得沉穩自在。

你可曾聽過杯子嘲笑打火機說：「哈哈哈，我是高貴的杯子，一只價格值一百元，你是低賤的打火機，十塊錢就買得到！」
因為杯子知道：杯子是杯子，打火機是打火機。它們的條件不同，功能也不同。杯子若是想不開，想替代打火機打火；打火機若是想不開，想扮演杯子盛水，就是它們人生噩夢的開始！

我在歐洲旅行時，常會碰上街頭藝人，他們就是很安分的唱歌、畫畫、

GIVE ME
五毛錢

華爾街

自知不是料者,一天只
擁有五毛錢也不太苦

熱愛工作的人,一天
工作十八小時也不苦不累

如果對調的話,
那麼兩個人都苦死了

一隻鳥會飛，

一條魚會潛水，

這是牠們的功，
牠們的本質。
如果要會飛善飛的鳥潛水，
或者牠會一點，
可以潛個三分鐘，
潛個三公尺深。

哈哈哈我會潛水，
你們不會！

偉大

這算什麼？
…我可以潛一輩子呢

充其量只能向不會潛
的鳥吹牛而已

你那個也叫飛嗎？
笑死人啦！

飛魚能飛三呎高

表演魔術⋯⋯讓我印象最深刻的是在德國慕尼黑見過一個表演吹氣球的小丑，小丑的雙手非常靈巧，輕輕鬆鬆的一拉一吹，轉眼間馬上就扭轉出各種花樣的氣球，做出可愛的小狗就送給小女孩，做出美麗的花朵就送給金髮美女，有個非常精緻的游泳圈前面有隻小鴨子，小丑輕輕鬆鬆就套進一個小Baby的身上，小Baby高興地咯咯咯笑，小丑快樂地穿梭在人群中，像花蝴蝶一樣，邊走還邊吹氣球，完成了就送給跟在他身後的

男男女女，他的花招多得不得了，圍觀的人群笑聲不斷；接著他把帽子摘下來，有人投錢幣給他，才看到他的禿頭，想來是中年男子了。後來他停止表演坐在路旁休息，我去和他聊天，才知道他是法國人，從二十歲起立志扮小丑，至今十八年了，他對自己的工作很滿意，打算做到老死，他是一個小丑，也願永遠做一個小丑。

認識自己、扮演自己、實踐自己，即是天堂；不認識自己，想扮演別人即是地獄，「無知，會讓你痛苦的走了一輩子冤枉路，自知，是人生的第一步！」人生的目的是什麼也「無」！只是盡情做自己。

但人得先自問：「我是誰？我從哪裡來？」

他是他
我是我
他不是我
我不是他

如實地了解自己是
人生的第一課
我們要知道什麼是自己，
可以做什麼？

意願是什麼？
擁有什麼條件？

如實知自己的功，
並把它布施出來，
這就是最大的功德，
自利利他。

而不是一株圓仔花
要跟向日葵看齊學習，
因為圓仔花知道，
若是這麼想，
「我就墜落地獄，
苦了自己，
也對別人無益。」

3 你，要什麼？

人生噩夢的開始，都是因為不知道自己到底要什麼。
極少人不知道他出一趟門的目的地；
極少人知道他活這一生的目的地。

在一天的生活裡，一個人總是確知自己要去哪裡，自知有這個意願及條
件之後，他才開門走出去（即使心情煩悶，漫無目的地出門閒逛，也是
一種原先就準備好了要漫無目的）。

但是在生命的旅途上，大多數的人卻不知道自己的人生要去哪裡，也不自知自己的條件，卻已經就渾渾噩噩地跟隨著眾人，盲目地浮沉於人生之海。

所以，人常常不知道他的下一步該怎麼走，往往猶豫半天還不能決定，等最後好不容易跨出一步之後，又要懷疑自己的決定。

America的偉人──亞伯拉罕・林肯九歲喪母，從小他就必須幫忙父親開墾荒地，小時候接受了不到半年的正規教育，但是他卻很清楚知道自己需要知識，只要逮到機會，就不停地問，不斷地想，仔細地聽；林肯不能上學，就自己用炭條在木板上學寫字，木板用久了，髒了，林肯就把木板刨乾淨再次使用；他瘋狂地追求知識並曾以出賣勞力的方式向鄰居借書來看，有一次，不慎將鄰人的書弄髒，鄰居生氣了，不願接受他的還書，小林肯就出賣三天的勞力，為鄰人除草以補償損失，他認為自己從書裡獲得的知識遠比體力勞動更有價值。

一天的生活，不能掌握住方向，造成的混亂是有限的。但我們總是會有所掌握。

一生的生命，不能掌握住方向，不但可能造成自己滅頂，也可能波及無數他人，但我們卻總是不知道如何掌握，甚至不知道應該掌握。

看看一個人在一天時間裡是怎麼行動的，就可以對比出自己在生命旅途上，這種徘徊與猶豫是多麼的可笑、荒謬。

默片喜劇巨星查理·卓別林，他幼年窮困，第一次粉墨登台就博得如雷掌聲，台下觀眾在笑聲中不斷向他扔擲錢幣，當錢幣扔向他身上的時候，卓林別被打痛了，卻從此知道，他的舞台在這裡；沒多久母親發瘋，在困頓中，他朝舞台發展，尋求生路。成年後，感情路上波折不斷，但是這只是他人生舞台的一部分，在演員的舞台上他是一顆最閃亮耀眼的明星，不斷地娛樂觀眾，從一九四一年推出默片《謀生》以來，五十三年間，他總共演出八十一幕長短不一的好戲。卓別林讓大人看見

エカ

我們沒有要去哪裡，
因為哪裡就在這裡！

當我們在施行本質時，
不需要意志力，
更不需要成果的回饋運動
來獲取原動力。

力量會發揮到極限。

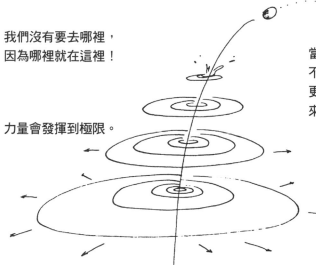

所以當我們用本質運動時，
我們一點都不需要
付出力氣，
因為我們在扮演自己，
不需要成果來鼓勵自己，
因為這些功、德、布施
就是我們的全部，
就是我們的基因原欲。

時間上會達到永遠，
由生到死。

德

他的海報能會心一笑，孩童瞧見會笑著大叫卓別林，這種魅力再也找不到第二人。

我們沒有要去哪裡，因為哪裡就在這裡！
力量會發揮到極限。
當我們在施行本質時，不需要意志力，更不需要成果的回饋運動來獲取原動力。
所以當我們用本質運動時，我們一點都不需要付出力氣，因為我們在扮演自己，不需要成果來鼓勵自己，因為這些功、德、布施就是我們的全部，就是我們的基因原欲。
時間上會達到永遠，由生到死。

蔡志忠例註

你怎麼趕飛機？

今天你要搭下午一點十分的飛機出國，所以你知道自己十一點四十分一定要趕到機場，所以十點四十分你就要在高速公路上，所以十點二十分要坐在車上發動汽車！

這中間每個時間點上你要做什麼事情，應該都很清楚。你絕不會以為十一點四十分才發動車子的話，還可以趕上下午一點十分的飛機。上了高速公路之後，你也絕不會以為還有時間可以在三重交流道再下去吃個午飯。

但是在生命的旅途上，我們卻常常出現這種錯覺。不是遲遲不肯出發，就是出發了之後，又半途猶豫不決。

如果我要搭乘夜裡一點十分的飛機，就必須在十二點十分到達機場。

因此，就必須要在十一點坐在往機場的計程車上。

第二章

成長為狼
——豺狼哲學

Wolf Ph

你看不見你的真相，你所看見的只是
你自己的影子。──泰戈爾

如果你不甘心老是吃虧，做別人嘴上肉，
你也可以改變成為一隻吃人的狼。
狼，良獸也，能在急跑中緊急改變方向。
良獸就是無所不能。

你可以成為吃兔子的狼，你也可以成為被狼吃的兔子⋯⋯
端看你怎麼做？怎麼想？端看你的觀念。

一個人是什麼？是因為他自己相信自己是什麼。
我們可以庸庸碌碌過一生，
因為我們遵循著別人的腳步，
走著一條習慣的道路。

我們也可以成為一個成功、致富、快樂、滿足的人，
但必須先學會知天、知地、知人、知節、知時、知己，
才能成為一生精確、有效率的豺狼。

losophy

1 豺狼的特質

豺狼只瞄準牠的獵物，不達目的絕不放鬆。

人有兩種，一種是「兔子」，一種是「豺狼」。

豺狼專門吃兔子，兔子為豺狼的食物。

偶爾，豺狼也會兔前失蹄，成為兔子的食物。

但兔子一生永遠是兔子，不會成為豺狼。

按部就班，規規矩矩是兔子正在走的路。

豺狼的行徑呢？神出鬼沒，時而躲在草叢，

時而等在兔子行徑的前頭，隨時準備撲殺兔子！

蔡志忠例註

1.橋牌AND我

我學橋牌，只學了一年，就打了一個冠軍。到現在，十來年間，已經打了
七十多個冠軍。如果以積分來說，我的積分在全世界大約也有不錯的排名。

我為什麼會這麼厲害？當時，我還不知道豺狼哲學這個說法，但是我的行動
準則卻正是如此。

首先，我的叫牌方法就和其他打了幾十年橋牌的人完全不同，完全不按牌理
出牌。開始的時候，我想的是：被別人踩死九十八次我不怕，但我只要有二
次的機會就夠了。後來，我的機會從二次逐漸增加為二十次，當然就更划算
了。現在，我的機會已經是八十次了。

2.我與漫畫

我愛畫漫畫,這是我從四歲的時候就知道的事情。所以接下來我就是一直在畫漫畫。我不是為了畫漫畫要出版,或是為了賺多少錢,所以才畫漫畫。直到今天,我還每天保持著旺盛的創作意願與速度。

如果說是畫漫畫為了出版,沒一家出版社的出版速度能跟得上我的創作速度。

也正因為這樣不需要任何回饋,我才可能一直創作下去。

2 豹狼 Action 1： 虎膽妙算

算計自己，算計別人，共有四個重點要搞清楚。

行動之前，一定要算計。算計，要有四個重點。一定要把這四個重點從頭到尾思考清楚。

第一、我是誰？我現在的位置是什麼？

第二、我要的是什麼東西？

第三、誰有這個東西？

第四、他為什麼要給我這個東西？

一切沒有計算好之前，不行動；一旦開始行動，一定做到底。

當你很精確地知道自己要什麼的時候，你就不需要抉擇。

北極熊覓食的時候，毫不浪費時間，因為牠知道自己的第一選擇是海豹，第二選擇才是魚，而其他的選擇，都不在牠的眼裡。

美國的頭號富翁是誰？不是洛克‧菲勒家族，不是杜邦家族，不是大富翁川普，更不是甘迺迪家族，而是一個阿肯色州的鄉巴佬，名喚山姆‧沃頓。沃頓的生意很簡單，他開了一家廉價商店，店裡就只有經理、採購、店員三種職銜，然後大家就玩著「廉價買進，廉價賣出」的遊戲，並且不斷開張新店，在他七十二歲時，就已經累積了九十億美元的財富，但是在他眼裡，賺錢不過是一場考驗他想像力和技巧的遊戲。沃頓有錢卻不亂花錢，討厭出名，有雜誌讚美他，他也不覺得高興，沃頓就是要簡簡單單地過日子。

行動前先算計自己，
算計對象。

空軍的故事

我服兵役的時候，是空軍的高砲部隊，每天要站六個小時的衛兵。

我想：「像我這麼會畫畫的人，用來站衛兵多可惜！」。

嘻嘻嘻

BOOM　　BOOM　　BOOM　　　　　　BOOM

從前的成功，
是因為毅力、
火力加上持之以恆。
我們幸運地擊中標的，
是因為毅力的火網非常密集。

而今天的成功則是另一種不同的形態。
它來自行動前的精密分析、廟算。
準備工夫做得徹底，並十分精確地知道
標的，給予狠狠的一擊。
這也就是俗稱「外科手術式」的攻擊。
因為除了要害之外，我們不必浪費任何
一顆子彈到別的地方。

BOOM　：目標

後來，有次來台北受訓一個月，於是我就帶了我的畫作，趁著在台北的這一個月，從國防部開始，到《勝利之光》雜誌，到空軍總部，所有可能的地方，我都去闖了一闖，看看他們單位裡有沒有需要我這種會畫的人。

我一直繞了個大圈，又回到高砲部隊的後勤處。

我去找到一位少將，說是聽說他們這個單位有需要繪畫的人，

他看了看我帶去的漫畫，笑得合不攏嘴！

「我們要的是會畫工程圖的人，你會畫工程圖嗎？」

我不會，但是，最後他還是錄用了我，幫他的單位畫一些宣導漫畫。

於是我在辦公室裡當了三年兵，一點也沒浪費我繪畫的生命。

我認為我很符合豺狼的特質：「清楚地知道自己要的是什麼，然後不達目的，絕不罷休。」

像微軟公司的創辦人比爾・蓋茲，也一定是豺狼，否則，他不可能會讀哈佛大學讀一半，退學去創立微軟。

嘻嘻嘻

如果我不毛遂自薦，
空軍只多了一個大頭衛兵。

由於我毛遂自薦，空軍多了一
個漫畫天才，為空軍高砲部
隊畫了三本維修四〇砲、五〇
槍、九〇砲的詳細圖解，也畫
了很多演習的圖錄……

3 豺狼 Action 2：我是NO.1

第一名有一百分，第二名就只有十分。

第一名，擁有一切。

第二名，只能拾人牙慧，撿拾第一名垃圾桶丟棄的機會。

一般人有個錯覺，以為拿不到第一名，有個第二名、第三名也不錯。如果說第一名代表的是一百分，很多人以為第二名代表的起碼有九十分。

但是事實上，第二名的能不能有十分都是問題。

為什麼？

因為第一名衝出去之後，他就不需要再和別人相比，他往前看，是一片開敞的空間，不必和任何人比較，任由他揮灑。

但是第二名、第三名、第四名之間，卻會形成一個追趕群。這個追趕群裡的成員之間，彼此會競爭、糾纏、拖累，他們的精力不但要和第一名競爭，也要和追趕群裡的其他成員競爭。最後即使能夠脫困而出，也只是領先了這個追趕群，再往前看的時候，第一名往往已經領先太遠，看不到人家了。

所以，開始時候最重要。起步的時刻最重要。一開始就掌握第一最重要。領先一段別人搭不上的距離最重要。領先得很多之後，就不需要證明自己是第一了。

萬一不能領先，那就要改變方向，別與第一名同類。或者，另找一塊已經有分界的領域，做這個小領域裡的第一。行銷學裡的市場區隔，大致

有點這個意思。

以色列首任外交部長及首位女性總理梅爾夫人以一介弱女子的身分，能在保守的猶太民族中出類拔萃，並被政治家稱為不妥協的女人，真是非常不容易呀！梅爾，一八九八年誕生於俄國基輔，由於幼年親眼目睹俄國人對猶太民族的屠殺暴行，大學時期就加入了猶太復國組織，二十三歲那年她回到以色列，之後成為以色列建國的關鍵人物，大家都認為如果沒有她，以色列可能至今尚未獨立，梅爾曾喬裝打扮成回教婦女去晉見約旦國王阿不都拉，並在胸衣內偷藏手榴彈，抱著不成功，便成仁的決心，視死如歸！這種對理想的狂熱態度將她推向生命的巔峰。

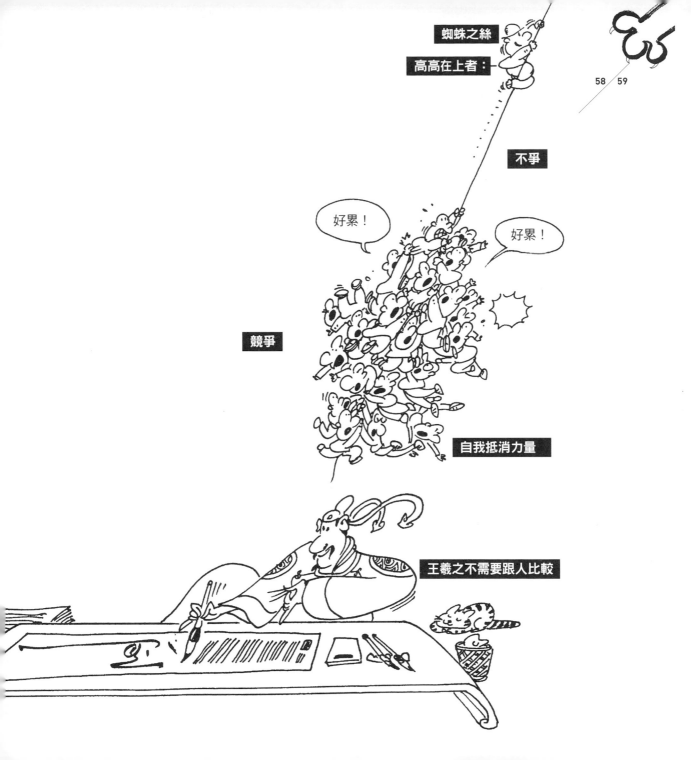

4 豺狼
Action 3：
可大可小，伸縮自如

拼不過大家的時候，就換個角度來迎接大家吧。

如果你實在想不出有什麼領域，還可以讓你領先當第一名的話，起碼你
還可以利用易地思之的方法，想想有沒有其他的解答。

地球上今天有五十六億七千萬人。如果我們站在與別人完全相同的立場
來面對一個目標，我們就有五十六億七千萬個競爭者。

而當我們站在另一個角度來看待事物時，我們就有五十六億七千萬個客
戶。

所以，針對那一個目標而言，在五十六億七千萬個競爭者之中脫穎而出是很困難的，但是，調整一下角度，換一個目標，要成功則是很容易的事。

一九九〇年《資本家》雜誌推崇為：「美國最聰明的女企業家、最富有的演藝人員！」一九九一年總收入為六千五百萬美金、一九九四年共銷售一億張CD；看看這些數字，也許喜愛她的讀者已經猜出這位神秘人物是誰了！沒錯，就是瑪丹娜，這位特立獨行的奇女子，從小就立下目標：「我要影響全世界！」她的經紀人形容瑪丹娜是「生活在社會尺度的邊緣，她什麼都不怕！」瑪丹娜勇於反抗傳統、反抗社會道德，有美貌，也有頭腦，IQ140，想不到吧！

全方位的觀察

五十六億七千萬人同一個觀點

其實不只要到對面看，
還要三百六十度的看，
由裡由外看，3D式的看，
採用3D視點觀法

世間好比一個輪子，
如果由於我們轉動的方法不對，
雖然很用力地去轉，
但轉得的效益很差、很累。
或許，我們應該先停下來仔細審思，
再換另一種方式去轉。
而不是一直讓它用這個方式繼續下去，
這不但會累死自己，
也會累死世間這個輪子。

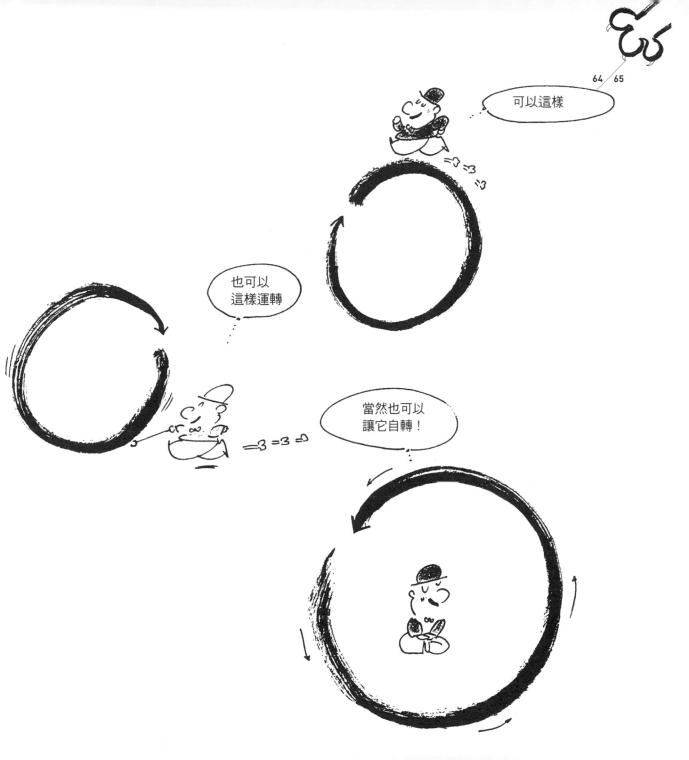

5 豺狼
Action 4：
化毒藥為養分

豺狼是不怕打擊的，打擊是豺狼成長的動力。

二十億年前，細胞分解二氧化碳，取碳做為食物而放出氧。後來大氣層氧太多了，形成了氧污染事件。氧會自我燃燒，對細菌而言是種毒氣。但後來有一種細菌突變，卻把氧這種毒藥變成食物，因而演化出高等生命。其中有一分支演化到今天，變成了「人」。

這些人當中，有一部分出類拔萃的傢伙，就吸收老祖宗的思想，在危急

進步，
自我提升不是斜線式的慢慢上升，
而是陡峭式的大階梯。
通常大躍進的進步，
其力量來源往往是外在的刺激，
而不是內在的自我紀律。

障礙

DNA
人的基因來自
三十億年前。
在這麼多基因裡，
其中有克服困難，
把災難轉化為
能量的基因。

的時候自救救人。德國的鐵血宰相俾斯麥，某一天和朋友相偕去打獵，由於森林中沼澤遍布，朋友一時不慎，居然掉入沼澤裡；危急中，俾斯麥聽見朋友的求救聲，不但不伸出援手，反而舉槍對著朋友說：「我如果救你，在這沼澤裡，不但救不了你，自己反而會被你給拖下去，所以我不能救你。但是，你是我的好朋友，我又不忍心看你活生生地被沼澤給吞沒，不如一槍打死你，省得兩人都痛苦！」

說完，立刻舉槍，一副要扣扳機的模樣，朋友害怕地在沼澤裡拚命掙扎，不一會工夫，竟然從沼澤裡爬了出來，當然，從此以後，這個朋友也躲他躲得遠遠的。

6 豺狼
Action 5：
龜兔賽跑終點思考法則

先想好目的地，再定你的路線，你會發現捷徑何在。

思考自己人生方向的時候，有一個非常重要又實用的方法：由終點思考。

人生七十。

因此，你可以先想好七十歲死前，你要在哪裡？已經完成了些什麼？正在做什麼？身邊還會有什麼人？

當這些明確時,你就知道你五十歲的時候自己應該在哪裡?已經完成了些什麼?正在做什麼?身邊會有什麼人?

再倒推回來,你就知道你三十歲的時候自己應該在哪裡?已經完成了些什麼?正在做什麼?身邊會有什麼人?
再倒推回來,你就明白今天要做什麼,怎麼行動!

烏龜和兔子賽跑,兔子輕敵,跑輸烏龜,被世人嘲笑了一輩子。兔子不服氣要想翻案:「這次要讓烏龜死得很慘!」心中七上八下的烏龜,重金禮聘豺狼當教練,用九十九顆烏龜蛋做為報酬,哪知豺狼收了蛋,卻帶著烏龜每天只趴在終點發呆。烏龜懊惱不已,從早到晚無精打采,恨不得把頭縮進龜殼裡,永遠不要見人了。

八月十五中秋節,這一天,一大早,兔老弟就神采飛揚的來到起點,心想:「我已經連著睡了三天,如今真是精神飽滿、身輕如燕,龜烏子

呀！龜烏子！就算你找了滿肚餿水的臭豺哥，恐怕也救不了你了！」

比賽開始前，豺狼帶著縮頭烏龜氣定神閒的出現了：「兔老弟，我看你今天是贏定了，不過為了不要被後人嘲笑你勝之不武，希望你能答應龜烏子一個小小的請求，把今天比賽的起點改為終點，也就是說大家從山頭往下跑！」烏龜一聽，立刻把頭伸出來，眼睛瞪得老大。

這樣一個小條件，兔老弟當然會答應。龜兔賽跑就這樣換了跑道重新開始比賽，當然，比賽結果還是不變！兔子又成了輸家。這次烏龜學了豺狼的終點思考法，比賽的時候，牠一馬當先，全身縮進龜殼裡，從高高的山上抄捷徑滾下來，贏得第一。

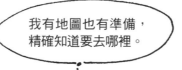

我有地圖也有準備，精確知道要去哪裡。

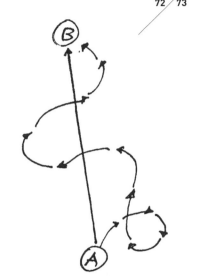

蔡志忠例註

兩種不同的終點思考法

演出《絕地任務》的史恩·康納萊，雖然現在已經白髮蒼蒼，但是在年輕的時候，卻是因為扮演風流倜儻的007詹姆士·龐德而紅透半邊天。

但是在他最紅的時候，他卻突然拒演這個人人搶破頭

瞎子走路

我有地圖也有準備，精確知道要去哪裡。
也因而知道如何走最順利，
哪裡是捷徑……
半路上知道自己是不是走在對的路上，
因此知道最終是否可以如計畫地抵達目的地。

高雄　　　台南　　　嘉義　　　台中　　　新竹　　　桃園　　　台北

的角色。他不再演007了。他做了這個選擇之後，演出了許多票房遠較遜色、角色也不見得討喜的電影。

而接替他演出的羅傑‧摩爾卻繼續以007走紅了好多年。

很多人都百思不得其解，不知道他為什麼要如此，而他的回答很簡單：他喜歡當一個演員，他想在七老八十之後，還能夠繼續演出。因此他必須放棄已經定型了的007角色。

但是，今天史恩‧康納萊雖然老了，卻成了我們說的老來俏。不但他的演技普遍獲得各界肯定，他更不斷地主演了許多膾炙人口的動作片。比007還要緊張激烈的動作片《絕地任務》只是其中之一。

而羅傑‧摩爾，原來英俊瀟灑的007，現在垂垂老矣。不但因為長期主演007，現在已經沒法再接演其他以演技見長的電影，激烈的動作片，當然也不會找他主演了。

史恩‧康納萊，一定是個懂得終點思考法的人。他一定是從終點思考法的角度，為自己年老時候的角色先下了定義，否則，他不會在二十多年前就做了那樣的抉擇。

上海

我出發，
要去上海，
所以才踏出家門。
我備有機票、旅費、簽證，
然後才上路，
並加實地來到上海。

如果只是光憑一個模糊的想法，就走出去。到了半路又猶豫不決，半途而廢，

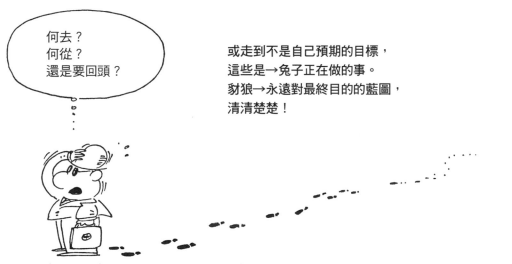

何去？
何從？
還是要回頭？

或走到不是自己預期的目標，
這些是→兔子正在做的事。
豺狼→永遠對最終目的的藍圖，
清清楚楚！

不是我要做什麼？而是……我要達成什麼！

7 豺狼
Action 6：
使自己暢銷的驚嘆號！

做了終點思考之後，就可以設定三個驚嘆號了。

設定好終點，知道自己現在的起點之後，再給自己找一個加油的中繼點。這樣，整條生命的路線就很清楚了。

只要掌握好這三個重點，你就等於掌握你人生的三個驚嘆號了。

三個驚嘆號，足以構成一個波瀾萬丈的人生。

就好像寫一篇文章，要表達的中心思想先寫好，再想一句聳人聽聞、能吸引人看下去的開場，一段精彩的重點，最後再設計一個令人回味的

ENDING！

其他的文字，不過是把這三個重點輕描淡寫連接起來的文字而已。

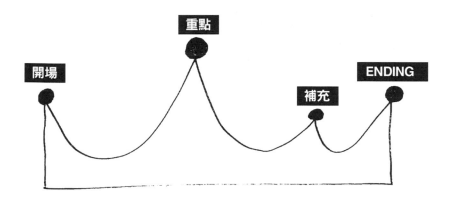

一個故事	永遠都只有三個重要的地方：
一場演講	1.開場 2.重點 3.END
一篇漫畫	把握住這三點，
	就會是個好的手段。
	豺狼無論做什麼，
	永遠都清楚該怎麼進行。

重點是在這些驚嘆號上，不是在那些過場文字上。在過場文字上花再大的心血，讀者也抓不到你的重點。

法國大文豪雨果，有一部很有名的著作《悲慘世界》，是他在六十歲那一年寫成的，新書上市後，雨果很關心讀者對《悲慘世界》的接受程度，於是就發了一封電報給出版商，電報上只有一個符號「？」。聰明的出版商立刻回了一封電報，上面也只有一個符號「！」。這也是一種使自己暢銷的「驚嘆號」。

蔡志忠例註

香煙為什麼暢銷？

我非常贊同這種說法。

其實，不只是對長期的人生，對賣一個東西、一個產品、一本書也都是如此；譬如說暢銷產品。

暢銷產品的魅力何在？絕對不是因為東西好。東西好，絕不是暢銷的理由。

維他命好，你可能從不去買，香煙不好，你卻會半夜開車去買。

要知道要賣什麼給別人，人家憑什麼要掏錢？讓人覺得好的吸引力是十五分，讓人覺得要買的吸引是九十分，中間還有七十五分的差距要跨越！

消弭這七十五分差距的，不是努力，而是驚嘆號。讓人眼睛為之一亮的驚嘆號。

我畫《莊子說》的時候，都是先畫重點的那一格，通常給它的格子又大，畫面又精！其他的，都是陪襯的過場。

抓住驚嘆號！人生只要抓住三個驚嘆號！！！

很多人覺得：只要努力，只要東西好，就可以暢銷。但事實不是，要暢銷，要流行，必須跨越一個臨界點。越過了它，就會開始核能反應。

因此，必須是一種運動，互相影響、流行！

第三章

找出豺狼的韻律
——我是狼

I Am

唯有一次，我無言以對，就是當一個人問我：
「你是誰？」的時候。──紀伯倫

你是誰？
你要去哪裡？
如果你都還不清楚你自己，不清楚自己要去哪裡……
為何走了大半生了……
為何走到這裡？
人是荒謬的東西，不知道自己要去哪裡，
卻走了大半輩子……

不自知自己是誰？

也不知自己要去哪裡？

如果你也是這樣子，那麼你就是兔子。

如果你不是……

那麼你就是隻豺狼！

A Wolf

1

我就是我，
我是狼

不要為比較而選擇，要為自己喜歡的而選擇。

大部分的人，走到人生的中途，他走過的路大都不是自己想走的腳印。

每一個腳印，都是因為外在對他的期望所修正的。這些修正他腳步的，有部分來自父母、師長，有部分來自內心自以為的那個自己。而內心自以為的那個自己，其實並非真實的他的自己，而是外在社會所反映出來的虛幻的鏡像而已。

人自己以為那個幻影就是自己，因而盡其一生地刻苦、努力地朝那個目

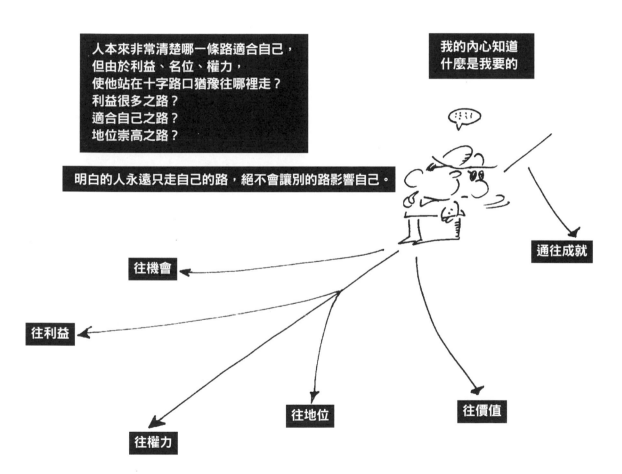

我愛吃番茄

標走去。然而，什麼才是真實的自己？

鳥每天自由地飛翔，魚無時無刻地來回在溪中潛游，牠們從來不需要抉擇、考慮，因為牠們從來都知道「什麼是真正的自己」，知道了之後，從此一生中都不需要抉擇，因為牠知道自己要做什麼！

人不應該做比較，認為這個好，或那個壞……人應該去選擇適合自己的。

什麼是適合自己的？每個人自己都清楚得很。

讓我們停下來思考，苦惱而猶豫不決的事，其實都只是世俗的標準而已，從來都不是人自己內心的問題。

在人的內心，其實我們每個人從來都很清楚自己所要的是什麼東西。

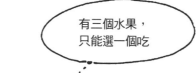

有三個水果，
只能選一個吃

榴槤

番茄

富士蘋果

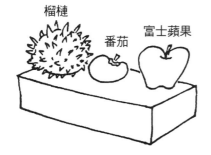

雖然我最愛吃番茄
但榴槤很難得
富士蘋果很貴
雖然自己並不愛，
但大多數的人
最後會選擇的是最貴的東西
而任何一位修行者
則會選擇適合他的東西，
因為他自知自己。

2 捨與取

只有當我們學會捨之後，才能取得多。

一般人只學會了取，而沒學會
捨，於是他便取得很有限，取
得不多不精，取得不夠。

一般人總覺得取與捨是對立
的，但事實不然，取與捨是相
應的，一體兩面。不懂得捨，

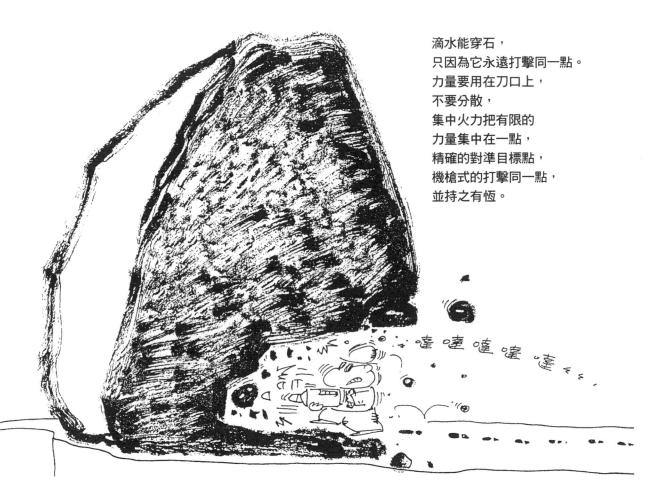

滴水能穿石，
只因為它永遠打擊同一點。
力量要用在刀口上，
不要分散，
集中火力把有限的
力量集中在一點，
精確的對準目標點，
機槍式的打擊同一點，
並持之有恆。

其實也就不懂得取。

懂得捨，就是知道什麼是自己不要的。

而懂得自己什麼不要的人，自然就懂得什麼是自己所需要的。

多才多藝等於一無是處，

專精一樣才能取得多。

因此，懂得捨的人，表面上看起來好像手裡什麼東西也沒有，空空如也，但是一旦碰上他真正喜歡或需要的東西的時候，他就可以奮起全身的力量與資源，來掌握到手。

反過來說，如果是不懂得捨的人，那麼表面看起來他什麼東西都抓在手裡，好像很多的樣子，但事實不然，由於他兩手抓滿了很多不見得那麼需要的東西，因此在碰到真正他喜歡或需要的東西的時候，他不是茫然而不自覺，錯失機會，就是心有餘而力不足，根本沒有多餘的手去掌握了。

人不能光想百分之百擁有一切，就算是上帝，也有時候需要妥協。

成功者知道什麼時候應該犧牲某顆棋子，以及應該何時犧牲。

蔡志忠例註

收藏佛像的故事

幾年前，我開始有了收藏佛像的想法。但是怎麼樣下手呢？我做什麼事情都喜歡做出個名堂，不想只做個不上不下的收藏家。

佛像有很多種，木刻的、石雕的、銅塑的等等。年代又橫亙久遠。

最後我的決定是：只收藏銅佛，其他佛像一律放棄（本來連年代的部分我也想做個限制，但後來沒有）。

這樣表面上看起來，我只收藏銅佛，很難和什麼佛像都收藏的人相比，和其他什麼古董都收藏，琳琅滿室的人比起來，好像更加單調、貧乏。但是，不要多久的時間，就證明我的抉擇是正確的。

我只花了一年的時間，很多人收藏古董，花了二十年的時間，也沒出現什麼

名堂，而我在一年裡就辦到了，以收藏中國宋元明清的佛像而言，已具世界一流水準了。

當然，我下的工夫也是很大的，這一年來，我收藏的銅佛超過了一千尊，平均每天要收藏三尊（到一九九六年八月，我已經收藏了二千零一十一尊）。

我所以能夠收藏這麼多，正是因為我「捨」了其他所有種類的古董，其他所有種類的佛像，而專「取」銅佛。我的金錢、我的心力因此才發揮了最大的邊際效果。如果我沒有做這種捨與取，而是見獵心喜，漫無目標地收藏，一定各種收藏都只是皮毛，難以成為世界級的收藏家。

中國人常喜歡講「取捨」，但是我覺得如果能改為「捨取」，可能更可以表現出其中的真諦。

西魏大統八年
（五四二年）

髮髻內凹
近似北齊

雙鈎線

東魏武定元年
（五四三年）

長臉
長身
斜肩

 東魏天平
三年
（五三六年）

吉祥坐

 東魏天平三年
（五三六年）

正光元年
（五二〇年）

 梁普通四年
（五二三年）

 圓臉，
無明顯肉髻

正光二年
（五二一年）

永安元年
（五二八年）

 隋之特徵：
1.無白毫
2.髮髻不明顯
3.頭額比唐高

◎加披肩之偏袒右肩
形式止於正光元年
◎飛鳥風格的形成約
在正光元年

3 你的韻律是什麼？

每個人都有他生命與生活中的韻律，找到自己的韻律，就會事半功倍，否則……

我們的生命，我們的工作之中，有隨個人不同而存在的一種韻律。你覺察到自己的韻律，並且能配合前進，就會成功。反之，則會失敗。

說得更清楚一些，所謂韻律，有兩個重點：

1.在品質最好的時間做最好的事情，在品質垃圾的時間做垃圾事情。

2.在該急的時間做該急的事情，在該緩的時間做該緩的事情。

很多人正好顛倒過來，最清醒、品質最好的時間，用來做一些不關痛癢或者自我放縱的事情；最迷糊、品質最差的時間，卻用來做一些關係重大的事情。

節奏可保持能量節省體力。

靜如處子，
動如脫兔，
節奏可保持能量節省體力。

因此，韻律，或者說節奏感，是決定成敗的一個關鍵因素。但是，一般人卻不知道其存在。大多數人體會不到他個人的韻律，而只會人云亦云地把一些約定俗成的說法掛在嘴上。

舉例來說，有一種說法是：「夜深人靜，是最適合作家創作的時間。」

很多人都對這種說法深信不疑。因此，想到作家就想到夜裡寫作的人，問起作家什麼時候最適合他創作，也很容易就回答「是深夜」。的確如此嗎？

每個在夜裡寫作的人，有沒有研究過這究竟是在作家定型的形象下，不由自主地形成一種習慣，還是的確那就是他最好的工作韻律？要回答這個問題，需要非常誠懇的內省，嚴格的檢討。

蔡志忠例註

我花了六年時間掌握韻律

從我自己的經驗來說，我為了掌握自己的生命韻律，花了好長的時間去追蹤、觀察。我每天記錄自己的作息，以及工作成果。這樣記錄了長達六年的時間。

我的結論是：就一天的韻律而言，早上的時間，工作效率最好。中午吃完午

飯，最差；下午開始恢復，到了晚上十點三十分左右的時候，又會恢復到頂尖的狀況。這樣持續幾個小時，就是我要休息的時間了。就一年的韻律而言，我是夏天最差，冬天最好。所以我的創作高峰都是在冬天。

一年當中大腦最好的時間

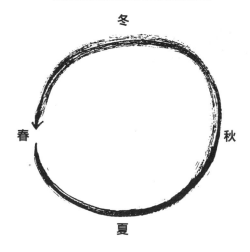

冬

春　秋

夏

一天當中大腦最好的時間

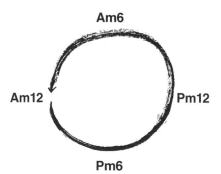

Am6

Am12　Pm12

Pm6

加法總是太慢了，所以為什麼不試一下乘法呢？

以前印度有個國師，有一次隨國王出征，幫國王取得了一場決定性的勝利。事後國王論功行賞，要大家自己講出想要什麼樣的獎賞。

很多將軍都開出了一些金額很可觀的條件，而高興的國王也都答應了。

所以，當最後功勞最大的國師開口的時候，大家都在猜他又會要什麼。

國師要的東西很簡單，只是一個上下左右各二條線，分成九格的盤子。

第一個格子裡他放了一粒穀子，第二格裡是二粒。而他要的是：這九

格每一格都是和前一格相乘的穀子。國王看他第一格放的是一粒穀子，第二格放的也不過是二粒穀子，心想這還有什麼了不起的，一口就答應了。結果，我們知道，乘到第九格的時候，已經是天文數字了。

這個故事說明了一點：在我們不知不覺的時候，乘法的效果有多麼驚人。

$$8＋9＋26＝43$$
$$8×9×26＝1872$$

人的一生時間有限，精力有限，一生所能成就的實在不多。

莊子說和迪士尼

我在進行漫畫創作的時候,也是以乘法理論來思考的。

如果我將每一部創作都分開來獨立看待,那麼我進行二十六部作品的創作的話,我就是要追求二十六次成功的機會。不但每次都要成功,並且還要一次次愈來愈成功。在我們主觀的意念上,這是值得努力的目標,但是在客觀的環境上,這並不是一個容易達成的事實。

但是我在做《莊子說》經典系列漫畫的時候,不是以這種單本單本的加法哲學來看待的,而是以系列的乘法理論來看待的。

這個系列我共創作了二十六部作品,我讓這二十六部作品可以相互呼應,每一部作品的銷售都可以帶動讀者對其他二十五部的認同與購買。

這些作品可以銷售到五十個國家,以十三種語文出版,並且,可以用電子、卡通等五種不同的媒介來呈現,因此,我創作這二十六部作品,所可以達成的效果就成了:

1×26×50國家×5種媒介＝6,500

一個人一生中能完成五十件工作已經是了不起，因為他們採用的是加法式的工作，要達到六千五百件，那簡直是不可能的夢。但用乘法的觀念就可以，而且只要短短的四、五年就成。

這種乘法理論所可能達成的效果，和加法哲學追求單一單一產品成功的效果，不可同日而語。

我是一個徹底放棄加法哲學的人，因此，如果有人來找我畫一幅畫，即使出的是一百萬台幣，我還是不會答應。原因就是那一幅畫只是加法加上去的一個作品，和我其他的作品產生不了相乘的效果。

迪士尼卡通王國也是用乘法理論建立起來的，那許許多多的卡通人物在發揮乘法理論的效果，各種故事書、漫畫卡通、玩具、遊樂園，也都是在發揮乘法理論的威力。

第四章

豺狼遊戲
——打破規矩

Wolf (

Games

天地之大德曰生。——《易經》
天之道，虛其無形。——《管子》

或許，規矩是由兔子所定出來的，
但，打破規矩的，永遠是豺狼。
「循規蹈矩，按部就班」是兔子的做事方法。
而豺狼，深得孫子兵法的精髓，

牠的行動像水一樣，

變化無常形……

兵形象水：

水之形避高而趨下，兵之形避實而擊虛；

水因地而制流，兵因敵而制勝；

故，兵無常勢，水無常形，能因敵變化而取勝，謂之神。

兔子循規蹈矩，豺狼打破規矩。

Games

1 隨時變化

宇宙的法則就是變化。

宇宙的最大作用，就是變化不已，從不固定、停止。

變化就是生生不息，不變就死亡。

而宇宙，從不會死亡，從前不會，現在不會，將來不會。

一個人不能隨時機變化，將必被淘汰。

一個公司不能隨機變化，將必衰亡。

不能變化者曰死人，隨時變化者曰俗人，至人走在變化之前，領先變

化。

SUPER MAN帶領流行,走在時代之先。一個人其實是隨時變化的,在床上是太太的性伴侶,在客廳是孩子的爹,在路上是行人之一,在公司或為總裁、經理,在飛機上是乘客,在宴會廳是客人之一。大部分人在日常生活的小節上,可以體會到這種角色的變化,但是一碰上自己生命旅途上的角色,卻就很容易失去這種隨時調整的靈活度,導致許多問題。

好為人師者,不自覺地會產生自己什麼都比別人懂得多的錯覺,結果學不到新知自大的人,總是在有意無意間扮演比別人聰明的角色,自以為掌握到所有的變化,看不到自己的缺失,乃至不能修復,甚至最後一敗塗地。好高位者,沒有高位可坐的時候則一無是處,沒地方可去。

這些例子,都說明如果沒有辦法隨時隨地檢視自己的角色,將會產生多大的問題。悟者說:「問我是誰?我隨時在變身」。

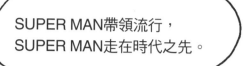

SUPER MAN帶領流行，
SUPER MAN走在時代之先。

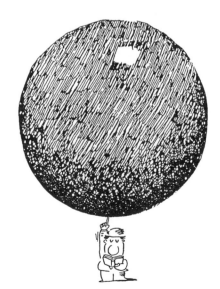

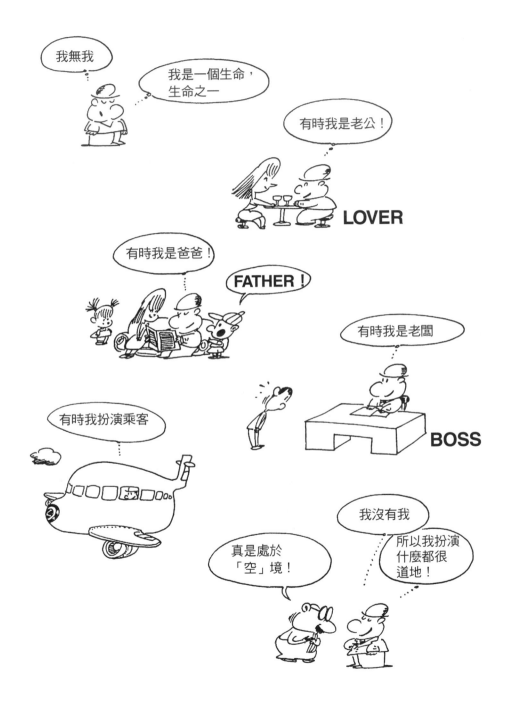

2 四種覺悟

要維持最大的變化彈性與可能，最好有四種覺悟。

保持最初的原型，不變，也不增加任何因素。

第一種覺悟，我們要認知到：生命是美好的，即使偶爾有不順心的時候，有所挫折的時候，也一定是因為我們自身所造成的種種問題。因此，只要我們能回歸對自身的反省與覺察，所有的惡劣問題也一定可以轉化為美好的助力，因此，我們必須要認知到：生命是美好的。

第二種覺悟：尊重自己的生命，同時也尊重別人的生命。既然我們認知

到生命是美好的，所以也應該認知：每個人都有享受這種美好生命的權
利，這種權利是不可剝奪的。

第三種覺悟：要徹底享受這美好的生命，就必須保持對應這宇宙的原型，不要給自己增添太多不必要的負擔與角色設定，這樣才能給自己保持最大的彈性。

第四種覺悟：為了避免給自己造成太多設定角色的負擔，我們不能追求一切都非要據為己有不可的欲望。欲望愈單純，才愈能與空相應。

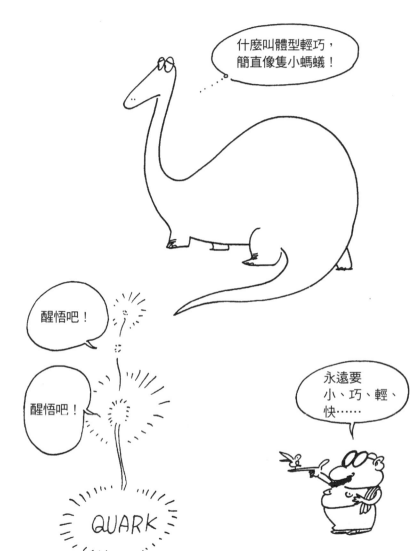

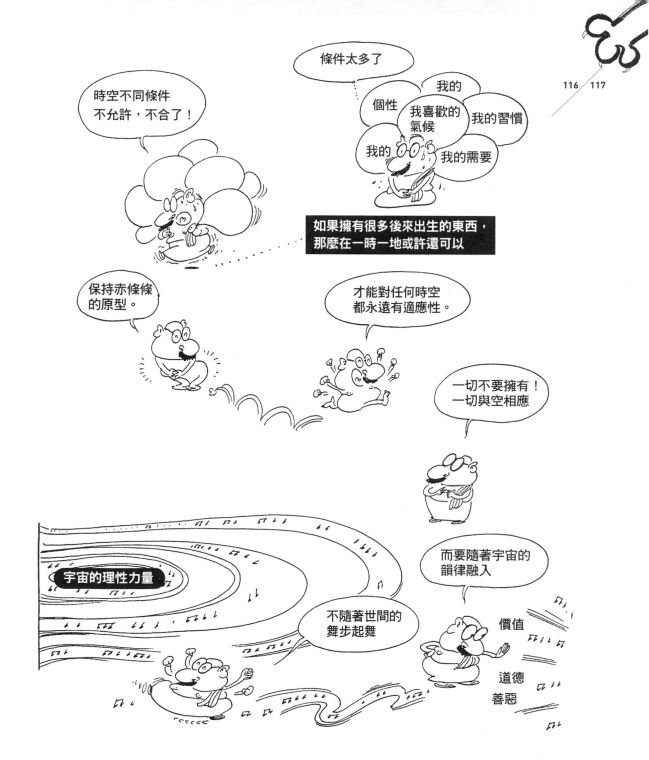

第五章

豺狼天下
——叢林稱霸法則

Laws of t

當你飲沉默河水時，你才能真正唱歌。
當你到達山峰時，你才開始攀登。
當大地索取你的四肢時，你才會真正地舞蹈。
──紀伯倫

Laws of t

豺狼永遠知道自己要什麼，並且專心一意地衝向目標。

如果你的心對準了天空，你就看不到大地。

如果你的心對準了岩石，你就看不到花朵。

如果你的心對準了外在的一切，你就看不到自己的內心。

如果你只學會取而沒學會捨，你就永遠取得不多，

而得不到很大的成就。

豺狼行動之前必然評估外在的一切，然後，再對準焦距，

全神貫注地把力量用在一個標的上。

ne Jungle

1 危機處理
自救法

如果實在沒有把握周全地思考，請用六個問號來提醒自己吧。

碰到任何問題，要思考六個角度：

1.這是個什麼樣的問題？

2.這個問題怎麼來的？

3.這裡面潛伏的誘因是什麼？

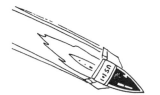

這是啥？有何危險？
為何而來？

BOOOOOOM!

經過計算得知它只會
在我身邊爆炸，
對我無害。

4.這裡面潛伏的危險是什麼？

5.怎麼消除這些危險？

6.怎麼執行獲得這些誘因？

美國的石油大王洛克‧菲勒是美國十九世紀的三大富翁之一，當時有許多人覬覦他的財富，總想盡辦法從他身上撈點油水，洛克‧菲勒當然清楚自己的處境，因此對於金錢的用途及流向他都十分注意。

有一天，洛克‧菲勒在公司附近遇到一個人，那人先是訴說自己如何如何倒楣，接著立刻恭維起洛克‧菲勒的成功，洛克‧菲勒清楚的知道這是一個「要錢」的問題，當然原因是因為他有很多錢，洛克‧菲勒不動聲色，聽他喋喋不休，最後那人使出撒手鐧，開口說道：「今天，我是大老遠地從二十里外走路來的，我在路上碰到的每一個人都說洛克‧菲勒先生是全紐約最慷慨的人……」說到這裡，洛克‧菲勒知道潛伏的危險來了，看樣子，不掏錢是無法打發他了，可是洛克‧菲勒想了一想，

反問他：「請問你待會兒還是走原路回去嗎？」那人沒料到他有此一問，呆呆地點點頭說：「是的，先生。」洛克·菲勒聽了，不疾不徐地說：「那太好了！請你幫我轉告剛剛你在路上碰到的每一個人，就說他們說的是謠言！」說完這話之後，洛克·菲勒的危機也解除了，更重要的是，這件事一傳開，洛克·菲勒除了博得機智的美名外，潛藏著的那些想伸手要錢的陌生人，也只好另覓山頭了。

一般人的思惟方式，都好比走在一條狹窄的通道裡。走著走著，一旦碰上前面一個大石頭，就只能停頓在那裡。

比較好的人，會從旁邊好不容易找到一個繞開的途徑，但大部分的人，卻只能留在原地想把石頭撬開，或是炸掉。

有沒有更輕鬆的方法？思惟的好處本就在於不受任何限制，如果我們太過侷限於固定的思考模式，那只說明這種思考模式太簡單了。

與其走一個單線通道的思惟模式，不如練習走一個蜘蛛網式的多通道思考模式。這種思考模式的重點，在於對於任何一個問題不只設定一個可

能的通道。如此可以隨時多途選擇。

思惟的方式

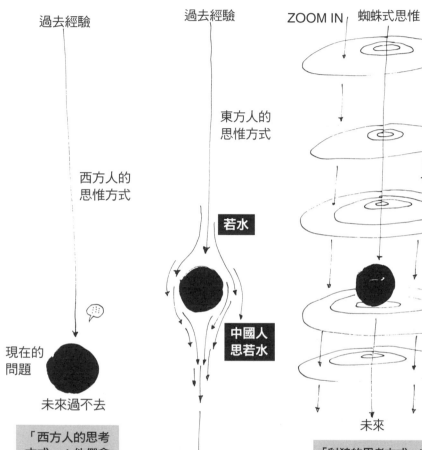

過去經驗

西方人的
思惟方式

現在的
問題

未來過不去

過去經驗

東方人的
思惟方式

若水

**中國人
思若水**

未來

ZOOM IN　蜘蛛式思惟　ZOOM OUT
ZOOM IN

未來

「西方人的思考方式」：他們會借用過去的經驗走向未來，當遇上問題時，他們就停下來思考THINKING，THINKING，想想想……想到問題解決為止。

「中國人的思考方式」：中國人學會了老子的上善若水的觀念，當他遇上問題時，他會像處理塞車一樣，如水一般地從問題旁邊流過去，自己雖然沒有問題了，但問題本身還是存在著！

「豺狼的思考方式」：豺狼是全面性蜘蛛網式的思考，從點到面，從過去、現在到未來，所以遇上問題時，牠還是照樣通過。因為，問題本身不造成問題，所以沒有「問題」。

2 微笑人間

微笑，是豺狼的。
規矩，是人間的，只是為一般人而設的。

世間是由人們互動而反應出來的，如果每個人都互相疏離，則世間的法
則就很淡。因為大家互動得很密切，所以世間的法則很牢固。

如果你完全與世間切割分開，不與之互動往來，則這些法則對你而言是
不存在的⋯⋯

好、壞、標準、名利、地位、規則、價值，我不與它們互動，所以這些

標準對我而言不存在。如果你要進入世間與大家互動，你得像生產線產出的產品一樣，與大家同一規格，

否則就是變體產品！因為你跟大家不同……

對我們很多人來說，香味是香的，而香味是我們比較偏好的。

但是對一些非洲的部落而言，卻可能另有一番想法，不然他們不會把動物的糞便當作髮油一般塗在頭上。

所以，對我們是香的法則，美的定義，在他們眼中就可能完全相反。

世間許多事物，尤其是牽涉到人際互動的時候，這種規矩，法則的設定，大都如此，沒有什麼不變的真理，或是一成不變的道理。只看大家共同的感覺、認知。

因此，我們事實上只有兩個選擇：跟著大家共同設定的規矩走，還是打破大家設定的規矩，自己走一條路。

豺狼，當然是選擇後者。

好壞的標準；名利的高低；規則的內外，這些因素幾乎主控了我們日常生活的每個層面。但是如果你決定不與它們互動，那麼這些規矩對你而言也就可以不存在。

我們可以再換個方向來看。如果你要進入世間與大家互動，跟隨大家共同設定的規矩，那麼你就最好像生產線產出的產品一樣，與大家同一規格。否則就是變體產品！因為你跟大家不同。（所有以品質著稱的生產線，不都是強調他們的變體產品的發生率，也就是不良品有多麼低嗎？）

變體產品有兩種：一種是比大家差，所以你注定被淘汰，被排除在世間之外。要注意的是：當你不及一般規格的時候，你是不符規格，你就被淘汰，這一點很容易明白。還有一種是比大家好。但是，比大家好，還是跟大家不一樣，因此你還是不良品。換句話說，當你超越一般水準，可是卻沒有超越太多的時候，仍然要被淘汰的。這一點是很多人都忽略

掉的。

在我以前還需要上班的時候，時常會看到這種例子。很多所謂優秀的人才，在一個企業裡明明比許多同儕的表現都要出色，結果卻還是硬被排擠出局。這其中當然有很多原因，但是我覺得不能忽略的一個就是：他雖然出色，但是並沒有出色太多，因此，這種出色不但沒有成為他事業上的正面因素，反而成為負面影響。

只有當你不但超越一般水準，而且超越得很多的時候，你的例外才可能被當作例外看待。這時，你超越別人，才可能被承認是優質品，或者說，才能證明是優質品。等你的證明被大家印證了，同意了之後，世間的一切規則對你就不適用了。到了這個時候，這些規則不是要對你特別地網開一面，就是要為你而改變規則。（當例外愈來愈多之後，世間開始重新修訂規格、標準與法則。而原本的規格則被淘汰了！）

所以，只要你真的夠棒，證明它！只要你真能證明你夠棒，世間沒有什麼規矩打不破的！

豺狼，必須要有這種決心和豪氣。
只有具備這種決心和豪氣的豺狼，才會真正地微笑。

往現実

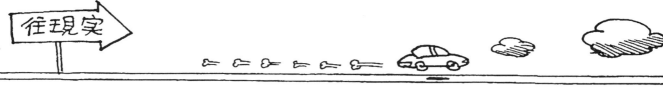

往理想

知道自己、知道對象、目標，
知道如何達到目標的方法以及精確快速的達成目標。

如果你能做到這些，你就是豺狼！
而這豺狼永遠在微笑……是成功、滿足地在微笑。

The Smil

of a Wolf

蔡志忠作品
豺狼的微笑

作者：Aquarius X

繪圖・例註：蔡志忠

責任編輯：湯皓全

校對：呂佳真

美術編輯：集一堂

法律顧問：全理法律事務所董安丹律師

出版者：大塊文化出版股份有限公司

台北市105南京東路四段25號11樓

www.locuspublishing.com

讀者服務專線：0800-006689

TEL：(02) 87123898　FAX：(02) 87123897

郵撥帳號：18955675　戶名：大塊文化出版股份有限公司

版權所有　翻印必究

總經銷：大和書報圖書股份有限公司 / 新北市新莊區五工五路2號

TEL：(02) 89902588 (代表號)　　FAX：(02) 22901658

製版：瑞豐實業股份有限公司

初版一刷：1996年10月

二版一刷：2016年8月

定價：新台幣150元

Printed in Taiwan

豺狼的微笑 / Aquarius X著；
蔡志忠繪圖・例註. -- 二版.
-- 臺北市：大塊文化, 2016.08
面；　公分. -- (蔡志忠作品)
ISBN 978-986-213-724-6(平裝)

1.人生哲學

191.9　　　　　　105013875